PHP - Krijg een goed begrip van PHP in één dag. BEGINNERSGIDS VOOR PHP MET GEBRUIK VAN HET PROJECT.

Vrolijk

Inleiding tot PHP3

Beschrijf PHP. 3

Hoe werken PHP-bestanden? 4

Welk buildsysteem moeten PHP-apps (meestal) gebruiken? 4

Hoe SQL-broncode te vinden? 5

Wat zijn de nadelen van DBMS-pakketten? 6

Waarom gebruiken we SQL-pakketten? 6

De beste optie is een pakket of techniek. 7

Wat betekent SQL-broncode? 7

SQL-gegevensanalist 7

Hoeveel SQL-databases worden doorzocht op gegevens? 9

Hoe kan ik de MySQL-broncode krijgen? 9

Hoe kan ik een SQL-script maken? ....tien

Voer SQL Server-eenheidstests uit in Test Explorer in Visual Studio 2012 11

Het venster Testverkenner verschijnt. ....elf

Hoe kan ik SQL-fouten oplossen? 12

Wat is datacleaning precies? 13

3

Gegevensopschoning versus
gegevensopschoning versus
gegevensopschoning 14

   Gegevens opschonen 14

Hoe laad je de SQLite-extensie? ....vijftien

Hoe kan ik SQL-extensies inschakelen? ...zestien

Hoe worden PECL-extensies geïnstalleerd?
....zestien

de PHP 5.X SQLSRV-extensie 17

Fabrieksinspectie 17

Voer de volgende opdrachten uit als root om
deze extensie te verwijderen: 19

PHP19_ ...._

Maak en configureer een PHP ....22 -extensie

Hoe vind ik de map met PHP-extensies? 24

Wat zijn PHP-modules? 26

PHP ....26 basisstructuur

Voorbeelden: - 28

Gegevenstypen in PHP 28

29 gehele getallen..

30 snaren ....

Booleaanse PHP 31

CSS-tabellen 31

Hoe beheert PHP het geheugen? 33

Kan PHP zijn geheugen beheren? 33

Wat betekent een PHP-referentie? 3.4

Hoe maakt PHP referenties? 35

Wat is een fusieproces? 35

Wat doen PHP Cast-operators? 36

Hoe werkt de PHP-engine van Zend? 36

Hoe werkt de Zend-engine? 37

Is printf compatibel met PHP? 37

Hoe schrijf ik printf in PHP? 37

Hoe werkt PHP-afdrukken? 38

Voordelen van PHP39

Nadelen van PHP 42

Inleiding tot PHP

Beschrijf PHP.

- De term "PHP: Hypertext Preprocessor" is een afkorting.

- Een populaire open source programmeertaal is PHP.
- PHP-programma's draaien op de server.
- U kunt PHP gratis gebruiken en downloaden.
- PHP is een geweldige en populaire taal!

- Het is krachtig genoeg om WordPress, het grootste blogplatform op internet, aan te drijven!
- Het heeft genoeg diepte om grote sociale netwerken van stroom te voorzien!

- Het is ook eenvoudig genoeg om als eerste servertaal voor beginners te dienen.

Hoe werken PHP-bestanden?

PHP-bestanden kunnen tekst, HTML, CSS, JavaScript en PHP-code bevatten.

PHP-scripts bevatten de .php-extensie en sturen, wanneer ze op een server worden uitgevoerd, onbewerkte HTML-code naar de browser.

Welk buildsysteem moeten PHP-apps (meestal) gebruiken?

Na het te hebben gelezen, kwam ik tot de conclusie dat ping het beste bouwsysteem is voor PHP-programmeurs. Mijn "vrienden", die mogelijk sterk (?) beïnvloed zijn door JavaScript, vertellen me echter dat Gulp de betere keuze is.

Ik gebruik het voornamelijk om tools als phpunit, phpdoc, phppcs, phpmd, jcsc en jshint onder één virtuele paraplu te compileren. Ik zal het nu niet gebruiken om bestanden naar een externe server te posten. Het wordt alleen gebruikt voor testen, statistische code review, compileren en comprimeren van stylesheets, testen van Travis/Scrutinizer, en...

Ik heb geen probleem met het gebruik van gulp, ping of een ander bekend en gevestigd build-systeem. Maar het zou geweldig zijn om een passende aanpak te kiezen.

Wat is jouw mening of wat raad je persoonlijk aan?

Hoe SQL-broncode te vinden?

Het is niet nodig om een andere weergave in SQL Server te

gebruiken omdat de broncode van opgeslagen processen en functies zich ook in het veld ROUTINE_DEFINITION van ROUTINES_SCHEMAINFORMATION bevindt . Dit RDBMS bevat het volledige statement, inclusief CREATE PROCEDURE en de bijbehorende parameters.

Wat zijn de nadelen van DBMS-pakketten?

Pakketvoordelen: Het gebruik van Oracle PL/SQL-pakketten kan leiden tot extra geheugengebruik door de Oracle-databaseserver omdat het hele pakket in het geheugen wordt geladen telkens wanneer een item in het pakket wordt geopend.

Waarom gebruiken we SQL-pakketten?

Pakketten bieden een handige manier om bewerkingen en

processen te classificeren die dezelfde functie uitvoeren. Een machtiging op pakketniveau bepaalt of iedereen functies en processen in het pakket kan gebruiken. De inhoud van een pakket kan enkele items bevatten die als openbaar zijn gemarkeerd.

De beste optie is een pakket of techniek.

De levering van gegevens vindt plaats via de betreffende procedure. Deze procedures voeren gerelateerde acties uit en een pakket is een database-item dat meerdere items kan bevatten. Door uw methode niet weer te geven in de pakketdefinitie, kunt u deze privé maken voor het pakket.

Wat betekent SQL-broncode?

Voorbeeld van SQL-broncode voor gegevensanalisten

Het maken of opvragen van gegevenstabellen zijn voorbeelden van SQL-broncode. Aangezien het doorzoeken van een database echter niet innovatief is, is het minder efficiënt dan het genereren. Iedereen heeft toegang tot de gegevens, maar niet iedereen kan ze maken.

Hoeveel SQL-databases worden doorzocht op gegevens?
SELECT-component

Items in een databasetabel worden opgehaald met behulp van een SQL SELECT-instructie op basis van clausules (bijvoorbeeld VAN en WAAR) die criteria definiëren. In termen van syntaxis, de volgende query: SELECT Column1, Column2 FROM Table1, Table2 On Column2='value';
Hoe kan ik de MySQL-broncode krijgen?
controleer de bron

Download de MySQL-serverdocumentatie van https://dev.mysql.com/downloads /mysql om de MySQL-router te maken. Alternatief: git kloont de

MySQL-serverrepository van GitHub.

Hoe kan ik een SQL-script maken?

5.5. 1 Gebruik de scripteditor om SQL-scripts te maken

Klik op de Workspace-startpagina op SQL Workshop en klik vervolgens op SQL-scripts. De pagina SQL-script wordt weergegeven.

Kies "Maken" in het menu.

Voer in het veld Scriptnaam een naam in voor het script.

Voer de SQL- en PL/SQL-blokken in die u in uw script wilt gebruiken.

Klik op Maken.

Voer SQL Server-eenheidstests uit in Test Explorer in Visual Studio 2012

Na het selecteren van Windows in het menu Test, klikt u op Test Explorer.

Het venster Testverkenner verschijnt.

Door op de Testbrowser te klikken, kunt u de tests selecteren die u wilt uitvoeren. Gebruik CTRL of SHIFT om tests te ontwerpen die onregelmatige of consistente onderdelen bevatten.

Door op een van de gemarkeerde tests te klikken, kunt u de optie "Geselecteerde tests uitvoeren" selecteren in het contextmenu.

Gebruik de SQL Server Unit Test Designer in Visual Studio 2010 om SQL Server unit tests uit te voeren.

De werkbalk Testtools heeft knoppen voor het starten van een taak met of zonder debugger.

In deze fase wordt elke test uitgevoerd in de huidige testrun. Zodra u de testrun start, verschijnt het venster Testresultaten en wordt de status weergegeven. Deze weergave bevat lopende en voltooide tests.

Hoe kan ik SQL-fouten oplossen?

Controleer het rijlabel van de mislukte SQL-query. Controleer de regel waar uw SQL-query niet in slaagt om te zien of er haakjes of komma's ontbreken. Verwijder regels met commentaar, dat wil zeggen regels die beginnen met -- of /*. Controleer uw SQL-dialect op typische syntaxisfouten.

Wat is datacleaning precies?

Het proces van het corrigeren van foutieve, onvoldoende, dubbele of onnauwkeurige gegevens tijdens het verzamelen van informatie staat bekend als gegevensopschoning en wordt ook vaak gegevensschrobben, gegevensschrobben of gegevensrectificatie genoemd. Het gaat hierbij om het identificeren van fouten in de gegevens en het corrigeren ervan door de gegevens te wijzigen, bij te werken of te verwijderen. Het opschonen van gegevens verbetert de gegevenskwaliteit en helpt nauwkeurigere, betrouwbaardere en consistentere informatie te bieden voor interne besluitvorming binnen een organisatie.

Het opschonen van gegevens is een essentiële stap in het algehele gegevensbeheerproces en maakt deel uit van het grondwerk dat gegevenssets voorbereidt voor gebruik in toepassingen voor gegevenswetenschap en -analyse (BI). De mensen die het runnen zijn doorgaans data-analisten, ingenieurs en andere datamanagementexperts op hoog niveau. Datawetenschappers, BI-economen en klanten kunnen data opschonen of deelnemen aan het proces voor hun eigen applicaties.

Gegevensopschoning vs. Gegevensopschoning vs. data sanering

Gegevens schrobben , gegevens schrobben en gegevens schrobben worden vaak door elkaar gebruikt. Vaak worden ze als hetzelfde object beschouwd. Het opschonen van gegevens wordt echter over het algemeen beschouwd als een onderdeel van het opschonen van gegevens dat zich specifiek richt op het verwijderen van overbodige, foutieve, onnodige of verouderde gegevens uit datasets.

Als het gaat om gegevensopslag, heeft gegevensopschoning zijn definitie. In die zin is het een geautomatiseerde procedure die opslagapparaten zoals harde schijven onderzoekt om ervoor te zorgen dat de gegevens die ze bevatten kunnen worden gelezen en om slechte sectoren of blokken te detecteren.

Hoe laad je de SQLite-extensie?

De last van een verlenging

De naam van het bestand dat de gedeelde bibliotheek of DLL host en een invoer die suggereert om de extensie te initialiseren, moeten worden opgegeven om SQLite te kunnen laden. Deze gegevens worden geleverd via de sqlite3_load_extension() C API. Zie de documentatie voor die procedure voor meer details.

Hoe kan ik SQL-extensies inschakelen?

Als de benodigde bestanden niet zijn opgenomen in uw reguliere distributie, moet u deze downloaden en installeren voordat u een extensie kunt activeren en gebruiken. Gebruik hiervoor een SQL-client zoals psql en voer de opdracht CREATE EXTENSION name> uit; buiten. Gebruik de opdracht dx in psql om reeds geïnstalleerde extensies te beheren.

Hoe worden PECL-extensies geïnstalleerd?

Installatie van de nodige PECL-extensies voor Debian. Installeer make, installeer php5-dev en installeer php-pear via apt-get.

Syntaxis voor PECL. PECL-extensiesyntaxis installeren: installeer extname-ver met pecl.

Schakel de PHP5 PECL-extensie in met behulp van het installatievoorbeeld van de PECL-extensie.

Activeer de extensie.

Om schoon te maken.

Controleren.

Installeer de PHP 5.X SQLSRV-extensie

PHP 5.X ondersteunt deze extensie niet meer.

keuring van planten

U kunt controleren of de SQLSRV-extensie is geconfigureerd met de volgende opdracht:

sqlsrv:php7.X-sp -i | grep
Als SQLSRV met succes is geïnstalleerd, ziet u het volgende:

/etc/php7.1-sp/conf.d/pdo_sqlsrv.ini,
/etc/php7.1-sp/conf.d/sqlsrv.ini,
Geregistreerde PHP-streams => http, ftp, zip, phar, compress.zlib, compress.bzip2, php, file, glob, sqlsrv
Pgsql, sqlite, dblib, mysql, odbc en sqlsrv PDO-stuurprogramma's
pdo_sqlsrv

PDO_SQLSRV-ondersteuning => Ingeschakeld
PDO_SQLSRV.Client_Buffer_Max_KB_Size => 10240 => 10240
PDO_SQLSRV.LOG_SEVERY => 0 => 0 SQLSRV SQLSRV-ondersteuning => 10240 SQLSRV-extensie verwijderen

Voer de volgende opdrachten uit als rootgebruiker om deze extensie te verwijderen:

Voer sudo rm /etc/phpX Y -sp verwijder pdo_sqlsrv uit
Herstart vervolgens PHP-FPM met het volgende commando:

Service sudo start phpX.Y-fpm-sp.

Extensies die de PHP-bronboom verbeteren

Een PHP-extensie en een extensie van derden zijn in alle opzichten identiek. Het bouwen van een externe add-on is dus net zo eenvoudig als het kopiëren van het bestand naar de PHP-broncodeboom en het gebruiken van de standaard bouwinstructies.

Om dit aan te tonen gebruiken we APCu als voorbeeld.

De ext/EXTNAME-directory van de PHP-bronstructuur moet eerst de broncode van de extensie bevatten. Als Git toegang heeft tot de extensie, kloon dan gewoon het bestand van ext/ .

Ga naar https://github.com/krakjoe/apcu.git en voer git clone "/php-src/ext" uit.
U kunt ook een bronbestand downloaden en uitpakken:

wget tar xzf apcu-4.0.2.tgz in /tmp mkdir /php-src/ext/apcu, cp -r apcu-4.0.2, http://pecl.php.net/get/apcu-4.0.2.tgz en apcu-4.0.2/extension bevatten een bestand config.m4 dat de extensiespecifieke bouwinstructies specificeert die door autoconf moeten worden gebruikt. Om ze op te nemen in het ./configure-script, moet u ./buildconf opnieuw uitvoeren. Het wordt aanbevolen om eerst het configuratiebestand te verwijderen om te bevestigen dat het is gegenereerd:

Verwijder in php-src configure en ./buildconf.
Met het script ./config.nice kunt u nu APCu toevoegen aan de huidige configuratie of opnieuw beginnen met een nieuwe configuratieregel:

of /php-src/./config.nice --enable-apcu # of /php-src/./configure --enable-apcu #
Voer ten slotte make -jN uit om de build te voltooien. Omdat we --

enable -apcu=shared niet gebruikten, is de extensie statisch opgenomen in het binaire bestand van PHP, dus het is klaar voor gebruik. Natuurlijk kan make install ook worden gebruikt om gecompileerde binaire bestanden te installeren.

Maak en configureer een PHP-extensie

Zonder enige wijzigingen aan te brengen, kunt u dit extensieskelet maken. De PHP-build die we in de eerste stap hebben gemaakt, bevat de eerste opdracht "phpize". Het PATH moet het altijd bevatten.

PHPize, ./configure, maken en installeren alles kost geld.

op ons PHP-systeem moeten verplaatsen . We moeten een regel toevoegen aan onze aangepaste php.ini om deze te laden.

Gebruik vi om /php-bin/DEBUG/etc/php.ini te openen. Gelieve de volgende regel:

extensie=proberen. Zorg er vervolgens voor dat de extensie is geladen en werkt. De lijst met beschikbare extensies wordt weergegeven met de opdracht php -m:

```
$ test grep | phpm-test
```
Als alternatief kunnen we de procedures uitvoeren die worden vermeld in onze "Test" -extensie:

```
PHP -r 'test_test1();'
```

Test de belasting en functie van de extensie!

echo test_test2 ("wereld"); met PHP:

lieve wereld

Het is nu logisch om een versiebeheersysteem te gaan gebruiken om wijzigingen in onze broncode bij te houden. (Ik kies GIT.)

initiële git $
$ git toevoegen test test.c php_test.h config.m4 config.w32
$ git commit Het "initiële uitbreidingsskelet"

Hoe vind ik de map met PHP-extensies?

De output van de phpinfo-functie kan worden gebruikt om de locatie van het INI-bestand te vinden (met behulp van de find php.ini-methode in de output van de phpinfo-functie). De variabele zend_extension, die meestal aan het einde van het PHP-bestand staat. ini, kan worden gebruikt om xdebug ergens anders dan de extensiemap te plaatsen.

Wat zijn PHP-modules?

Kijken naar de PHP-informatiepagina van uw server, die alle geïnstalleerde modules vermeldt en een volledig overzicht geeft van de PHP-configuratie van uw server, is de eenvoudigste manier om erachter te komen welke PHP-extensies op uw server zijn geïnstalleerd. Dit geeft aan dat de "mastering" PHP-module op uw server is gecompileerd.

Basisstructuur van PHP

Het PHP-script wordt uitgevoerd door de server, die vervolgens de HTML-uitvoer naar de browser stuurt. HTML- en PHP-tags zijn meestal aanwezig. De hypertext preprocessor (PHP), een populaire open source programmeertaal voor algemeen gebruik, kan worden ingebed in een HTML-document. PHP-bestanden worden opgeslagen met het achtervoegsel .php . PHP-scripts, gewone HTML en andere code kunnen in PHP-tags worden geschreven.

PHP is een gemakkelijke taal om te gebruiken, of je nu een expert bent of een beginner. In het eerste niveau van deze PHP-tutorialserie gaan we PHP gebruiken. Het is ook een prima startpunt voor meer ervaren ontwikkelaars die zich moeten omscholen. Je zult vaak merken dat complexe problemen gewoon heel simpele bugs zijn. Vandaar het belang van funderingen. Ze dienen als basis voor het uitbreiden van uw algemene programmeerkennis. Laten we vandaag dus dieper in PHP duiken en onderzoeken wat het is en wat de achtergrond is van deze enigszins verdeeldheid zaaiende taal.

Voorbeelden:-

De body-, HTML- en H1-tags bevinden zich allemaal in de HTML-tag !DOCTYPE.ScmGalaxy</h1>.

PHP herhaalt "Hallo ScmGalaxy" in de hele code.

</body> </html>

Gegevenstypen in PHP

Eenvoudige tekst- en numerieke gegevenstypen, evenals complexere gegevenstypen zoals arrays en objecten, kunnen waarden hebben in PHP-variabelen.

PHP ondersteunt in totaal acht basisgegevenstypen: integer, float, text, boolean, array, protest, resource en NULL. Deze gegevenstypen worden gebruikt om variabelen te maken. Laten we nu wat meer in detail op elk van hen ingaan.

python-gehele getallen

Integers zijn gehele getallen die een decimaalteken bevatten, zoals -2, -1, 0, 1, 2, etc. Gehele getallen kunnen op drie verschillende manieren worden uitgedrukt: octaal (grondtal 8 - voorafgegaan door 0), hexadecimaal (grondtal 16 - voorafgegaan). met 0x) en decimaal (grondtal 10 - voorafgegaan door een teken (- of +)).

Voer de volgende code uit: PHP-code: $a = 123; // decimaal getal var_dump($a); echo "br>";

echo "br>"; $ b = -123; // var_dump($b) geeft een negatieve waarde terug;

Hexadecimale waarde $c = 0x1A; var_dump($c); echo "br>";

Octale waarde $d = 0123 in var_dump($d);

PHP-strings

Strings zijn verzamelingen tekens, die elk een enkele byte zijn.

Een tekenreeks kan maximaal 2 GB (2147483647 bytes) groot zijn en kan letters, gehele getallen en speciale tekens bevatten. De eenvoudigste manier om een tekenreeks uit te drukken, is deze tussen enkele aanhalingstekens te plaatsen (bijv. "Hallo wereld!"). Dubbele aanhalingstekens zijn ook toegestaan.

Voer deze code uit als voorbeeld "Hallo Wereld! "; echo $een; echo "br>"; php;

"Hallo Wereld!" is geschreven in de variabele $b.

blijf hier ik kom terug $c = $c; echo $c;?>

booleaanse php

Er zijn slechts twee mogelijke uitkomsten voor een booleaanse waarde: 1 (true) of 0 (false).

Voer deze code uit als voorbeeld PHP // Stel de variabele $show_error in op TRUE met behulp van var_dump($show_error).

css-tabellen

Een array is een type variabele dat meerdere waarden tegelijk kan bevatten. Het kan handig zijn om een groep gerelateerde items samen te vatten, zoals een lijst met plaatsnamen.

Een geïndexeerde verzameling gegevensobjecten is de formele definitie van een array. Alle indices in een array, ook wel sleutels genoemd, zijn uniek en leiden tot hetzelfde resultaat.

Voer deze code uit als voorbeeld.

```php
<?php
```

```
$colors bevat een reeks rode, groene en blauwe kleuren;
var_dump($kleuren); echo "br>";

"Rood" => "#ff0000", "Groen" => "#00ff00" en "Blauw" => "#0000ff");
var_dump($color_codes);?>
```

Hoe beheert PHP het geheugen?

De PHP Resource Manager API lijkt erg op de traditionele malloc libc API, maar gebruikt een aparte heap en is afgestemd op de behoeften van PHP. Doorgaans moet het RAM-geheugen dat is toegewezen voor het verwerken van query's kort daarna worden vrijgegeven.

Kan PHP zijn geheugen beheren?

De native MySQL-driver roept de geheugenbeheermethoden van PHP aan via een kleine verpakking. De container maakt het debuggen onder andere eenvoudiger. Verschillende MySQL-client- en server-API's maken onderscheid tussen directe en niet-gebufferde resultaatsets.

Hoe beheert PHP geheugen intern?

PHP gebruikt twee allocators: de persistente allocator, die toewijzingen over meerdere verzoeken doorzet, en de per-request allocator, die al het geheugen vrijgeeft aan het einde van een verzoek. De persistente dispatcher en de standaardsysteemdispatcher werken op dezelfde manier.

Wat betekent een PHP-referentie?

In PHP geven referenties toegang tot exact dezelfde variabele inhoud met behulp van meerdere namen. Ze verschillen van C-aanwijzers doordat u ze niet kunt gebruiken voor rekenkundige aanwijzers, ze vertegenwoordigen geen werkelijke geheugenlocaties, enz. Zie Wat referenties niet zijn voor meer informatie. In feite zijn het symbooltabelaliassen.

Hoe maakt PHP referenties?

Dezelfde inhoud kan meerdere namen hebben in PHP, omdat namen van variabelen en variabele inhoud verschillende concepten zijn. Door een & voor de oorspronkelijke variabele toe te voegen, wordt een koppeling naar die variabele gemaakt. Daarom, als b=&&, is het een referentievariabele van a.

Wat is een fusieproces?

De compiler verandert automatisch het ene gegevenstype in een programma in het andere via een proces dat typeconversie wordt genoemd. Typecasting is een andere term voor typecasting. Een programmeur kan bijvoorbeeld een lange variabele casten naar een int als hij de waarde van de lange variabele wil opslaan als een eenvoudig geheel getal in zijn programma.

Wat doen PHP Cast-operators?

Gebruik (int), (integer) om naar integer te converteren.

Converteert van (bool), (boolean) naar een booleaanse waarde.

Converteer naar float met (float), (double) en (real).

Converteren naar tekenreeks met (tekenreeks).

Conversie (van matrix) naar matrix.

converteren naar object (object).

geconverteerd naar NULL (undefined) in PHP 5.

Hoe werkt de PHP-engine van Zend?

PHP gebruikt intern de Zend Engine als compiler. en uitvoeringsmotor. Zend Epods worden gebouwd door PHP-scripts in het geheugen te compileren. Na het uitvoeren van deze opcodes ontvangt de client de gegenereerde HTML-code.

Hoe werkt de Zend-engine?

Zend PHP Engine is een populaire keuze voor webontwikkelaars omdat het is ontworpen om PHP-code te optimaliseren en de prestaties te verbeteren. Het is open source, gratis, betrouwbaar, vereist weinig programmeerinspanning en u hoeft alleen de serverkosten te dekken.

Is printf compatibel met PHP?

PHP printf() functie

Er is een string afgedrukt die is voorbereid met de functie printf(). Retourneert de lengte van de uitvoertekenreeks.

Hoe schrijf ik printf in PHP?

PHP printf() functie voorbeeld: Koop een PHP server. Geef een opgemaakte tekenreeks op: $getal is gelijk aan 9;...

Voer het volgende in met de indelingswaarde %f: $number = 123; printf("%f",$nummer);...

Jokertekens gebruiken: $getal is gelijk aan 123;...

Een voorbeeld van elke denkbare formaatwaarde: $num1 = 123456789; ...

Een voorbeeld van een tekenreeks-ID: ; $str1 = "Hallo"

Hoe werkt PHP-afdrukken?

De methode print() drukt een of meer strings af. Opmerking: aangezien de functie print() technisch gezien geen functie is, zijn er geen haakjes nodig bij het gebruik ervan. Merk op dat print() iets langzamer is dan echo().

Voordelen van PHP

1. Het grootste voordeel van PHP is het feit dat PHP gratis en open source is. Het kan eenvoudig worden gebruikt met online evenementen of applicaties en kan overal worden gedownload.
2. Platformen doen er niet toe. Applicaties gebouwd met PHP kunnen op elk besturingssysteem worden uitgevoerd, inclusief UNIX, Linux, Windows, enz.
3. Applicaties gemaakt met PHP gekoppeld aan een database kunnen snel laden. Het is populair omdat het sneller laadt dan andere programmeertalen op trage internetverbindingen.

4. De inwerkperiode is korter, de bediening eenvoudiger en daardoor makkelijker in gebruik. Voor degenen die bekend zijn met programmeren in C, zou het werken met PHP niet moeilijk moeten zijn.

5. Door ondersteuning voor meerdere versies te behouden, wordt het een jaar of twee betrouwbaarder.

6. Dit elimineert de noodzaak om lange, gecompliceerde code te ontwikkelen voor webapplicatiegebeurtenissen en maakt het gemakkelijker om vergelijkbare code opnieuw te gebruiken.

7. Vereenvoudig codebase-beheer.

8. Krachtige bibliotheekondersteuning

maakt het gebruik van een groot aantal functieblokken mogelijk om informatie weer te geven.

9. De ingebouwde SQL-modules van PHP maken het koppelen van bestanden eenvoudig voor het ontwikkelen van inhoudgerichte websites en webapplicaties, wat tijd en moeite bespaart.

10. De populariteit van PHP heeft geleid tot de opkomst van verschillende ontwikkelaarsorganisaties, waarvan sommige kandidaten kunnen zijn voor banen.

11. PHP is flexibel genoeg om goed te werken met verschillende programmeertalen, waardoor de software voor elke functie

de nieuwste technologie kan gebruiken.

Nadelen van PHP

We realiseerden ons net dat deze taal enkele nadelen heeft. Laten we ze eens bekijken en de typische problemen ontdekken die ontwikkelaars hebben met PHP.

1. niet zo aanpasbaar
2. U bent helemaal klaar als u deze scripttaal alleen wilt gebruiken om webpagina's en webapps te maken. Dan raden we je ook aan om ons in te huren als je PHP-developers. Als uw project echter groter is en u technologieën nodig hebt zoals big data, kunstmatige intelligentie, machine learning, enz. om dingen op te fleuren, zou je moeten overwegen om een andere programmeertaal te gebruiken.

3. onvoldoende foutopsporingstools

4. Het feit dat PHP weinig foutopsporingstools biedt, is een veelgehoorde kritiek onder ontwikkelaars. Het gaat slecht om met fouten, vooral in vergelijking met andere scripttalen. Dit is voornamelijk te wijten aan de trage prestaties van de hulpprogramma's voor foutopsporing die nodig zijn om deze problemen te controleren en op te sporen.

5. Essentieel gedrag kan niet worden veranderd.

6. Als je belangrijkste doel bij het werken aan een paper is om het zo creatief mogelijk te maken, dan is PHP niet de

tool voor jou. In feite staat PHP, als scripttaal voor webapplicaties, u niet toe om de frameworks die de kernfunctionaliteit beheersen te wijzigen of aan te passen. Dit betekent dat je een aantal beperkingen zult tegenkomen wanneer je nieuwe prestaties probeert te behalen.

7. Beveiliging kan beter.
8. PHP heeft een ASCII-tekstbestand vrij beschikbaar omdat de broncode open source is. In wezen betekent dit dat de code die u ontwikkelt gratis is voor de wereld, samen met eventuele bugs. Het betekent ook dat ze die bugs tegen je kunnen gebruiken. Daarom is

veiligheid niet het belangrijkste.

9. Er zijn talen die gemakkelijker te gebruiken zijn.

10. PHP is een zeer eenvoudig te gebruiken programmeertaal. Als je al een ontwikkelaar bent, zul je er snel aan wennen. Deze taal is echter geschreven als code. Python daarentegen is op dezelfde manier geschreven als het Engels, dus zelfs beginners kunnen het begrijpen. Dus hoewel PHP gemakkelijk te begrijpen is, zijn andere talen eenvoudiger.